STEIERMARK

Ein Land in Bildern

STYRIA

A province in pictures

Harry Schiffer

STEIERMARK

Ein Land in Bildern

STYRIA

A province in pictures

Mit einem Vorwort
von Alfred Komarek

Styria
VERLAG

3

4

1: Durchbruchstal der Enns in den Kalkhochalpen: das Gesäuse
2: Urlaubs- und Wanderparadies Naturpark Grebenzen
3: Landschaft grün in grün: am Oberlauf der Enns im Gesäuse
4: Zu Pferd im Naturpark Grebenzen
5: Blütezeit auf der Steirischen Apfelstraße
6: Südsteirische Weinstraße bei Kitzeck

1: Transverse valley of the Enns in the Limestone Alps: the Gesäuse gorge
2: Holiday and hiking paradise in Grebenzen nature park
3: Green-on-green landscape: the headwaters of the Enns in the Gesäuse gorge
4: On horseback in Grebenzen nature park
5: Flowering season on the Styrian apple route
6: South Styrian wine route near Kitzeck

1

2

5

6

1

2

3

4

1: Winterlandschaft bei Waisenegg **2:** Tief verschneite Aflenzer Bürgeralm **3:** Klarer Wintertag bei Semriach **4-6:** Wintermärchen in der Ramsau

1: Winter landscape near Waisenegg **2:** Snow-covered Aflenz Bürgeralm **3:** Clear winter's day near Semriach **4-6:** Winter's fairy tale in Ramsau

5

6

1-4: Am Schöckl im Grazer Bergland: Bäume in den bunten Farben des Herbstes
5: Waldreiche Steiermark: Herbststimmung am Plabutsch bei Graz

1-4: Am Schöckl in Graz mountain country: trees in the bright colours of autumn
5: Forest-rich Styria: autumn tones at Plabutsch near Graz

2

3

1

4

5

1

1: Unberührte Natur: das Salzatal bei Weichselboden

1: Untouched nature: the Salzatal near Weichselboden

Die vielen Farben der Grünen Mark

Alfred Komarek

Auch Grau gehört zu den vielen Farben der Grünen Mark, und es gibt nicht nur ein Grau im Lande. Es ließe sich prächtig darüber streiten, welches Grau besonders nobel oder von auserlesener Melancholie ist, ein ganz besonderes Grau überragt aber im Sinne des Wortes alle anderen: der herausfordernd helle, fast schon weiße Farbton des Dachsteinkalks, der so hübsch und fremdenverkehrswirksam zu blauem Himmel und flauschigen Schäfchenwolken paßt. Hoch vom Dachstein an beginnt die Landeshymne auf den Flügeln des Gesanges ihre Reise durch die Steiermark. Dem Hohen Dachstein, dem höchsten Gipfel im Lande, fehlen nur fünf Meter zum Dreitausender, und dem steirischen Ennstal wendet das Massiv seine eindrucksvollsten Wandfluchten zu. Dennoch gehört nur ungefähr der halbe Dachstein den Steirern, den Rest teilen sich Oberösterreich und Salzburg.

Es ist jedenfalls gar nicht so einfach, eine steirische Institution für die Steiermark in Besitz zu nehmen. Diese Erkenntnis führt vom höchsten Gipfel des Landes zu einer schon erwähnten überragenden Persönlichkeit, zu Erzherzog Johann. Ein in Florenz geborener Steirer, weil er nicht Tiroler sein durfte und nicht Wiener sein wollte, kam ins Land, weil er kaum noch eine andere Wahl hatte. Er tat sich nicht nur mit frisch erwachter Lebenskraft unter den hübschen Töchtern des Ausseerlandes um, bis er die eine, die einzige fand, er machte sich um seine selbst gewählte Heimat als konservativer und dennoch fortschrittlicher Geist, als fürsorglicher Bewahrer und kluger Reformer verdient: Das von ihm gegründete Nationalmuseum modernen Zuschnitts, das Joanneum, ist noch heute ein sich dynamisch verändernder geistiger Mittelpunkt der Region. Erzherzog Johann lernte auf Studienreisen das englische Eisenwesen kennen und kaufte 1822 ein Radwerk, ein Radmeisterhaus und einen Ofen in Vordernberg, um als bürgerlicher Radmeister neue Ideen in die Praxis umzusetzen. Der zum Bürgermeister von Stainz erhobene Habsburger betrieb in seiner neuen Heimat auch Musterlandwirtschaften und brachte rheinische Reben in die Südsteiermark. Erzherzog Johann starb in Graz. Der Bruder von Kaiser Franz, auf dem politischen Schachbrett der Habsburger eine Figur, die man eher opferte als verteidigte, hatte in der Steiermark aller Welt gezeigt, wie man es anstellt, sich jenseits höfischer Konvention nachhaltig zu profilieren.

Institutionen, die zweifelsfrei und ganz wesentlich die Identität der Grünen Mark mitbestimmen, haben es offensichtlich nicht unbedingt nötig, zur Gänze und seit jeher ins Land zu gehören. Eher funktioniert es umgekehrt: Die Steiermark ist zwar nach außen hin selbstbewußt auf eigene Konturen bedacht, schaut aber gelassen

The many colours of the Green Borderland

Alfred Komarek

The colour grey also belongs to the many colours of the Green Borderland, and there is more than just one shade of grey in the region. One could have excellent arguments about which grey is especially noble or melancholy, however one very special grey literally outdoes all others: the defiantly luminous, almost white colour of the Dachstein limestone, which so prettily and beautifully fits with the blue sky and the fleecy clouds. From high up on the Dachstein the province's anthem begins its journey through Styria on the wings of the song. The Hoher Dachstein, the highest summit in the country, falls only five metres short of the three-thousand mark, and the most impressive walls of the massif face the Styrian Ennstal valley. Yet only half of Dachstein belongs to the Styrians; the rest is shared by Upper Austria and Salzburg.

In any case, it is not all that easy to take possession of one Styrian institution for Styria. This insight takes us from the province's highest peak to an outstanding personality, to Archduke John. The Styrian born in Florence, who was neither allowed to be a Tyrolean, nor wanted to be Viennese, came to the region because he hardly had any other choice. Not only did he look around among some of the most beautiful daughters of the Ausseer region with revived vitality until he found his one and only, he also rendered outstanding services to his self-chosen homeland as a conservative and yet progressive spirit, as a thoughtful preservationist and a clever reformer. The modern national museum he founded, the Joanneum, is still a dynamically developing intellectual centre of the region today. On study trips Archduke John got to know the English iron industry and, in 1822, bought a wheel works, a wheel mastery and furnace in Vordernberg, in order to implement new ideas as a civilian wheel master. The Habsburg, who was made mayor of Stainz, also ran exemplary farms in his new home and brought Rhenish vines from to southern Styria. Archduke John died in Graz. Emperor Franz's brother, a mere pawn on the political chess board of the Habsburgs, more likely to be sacrificed than defended, in Styria showed the whole world how one could sustainably make one‘s mark beyond courtly convention.

Clearly it has not been necessary for institutions which doubtlessly and profoundly influenced the Green Borderland to be or have been an integral part of the province. Rather, it was the other way around. To the outside world, Styria is self-confident and has its own, individual contours, but also takes a cool and uninhibited look across its borders when it comes to domestic affairs. Styria is namely a world of its own, which means that the rest of the world is there to give the province what it needs or wants to have.

und ungeniert auch über ihre Grenzen, wenn es um innere Angelegenheiten geht. Die Steiermark ist nämlich eine Welt für sich, also ist der Rest der Welt dazu da, dem Land zu geben, was es so braucht oder haben will.

Auf diese Weise kommen alle erdenklichen Farben unters grüne Dach. Von wegen Grün: Mehr als die Hälfte der Steiermark ist bewaldet, über zwanzig Prozent der Bodenfläche sind von Grünland bedeckt. Diese ins Holz und ins Kraut schießende Landesfarbe dekoriert effektvoll bildschöne Fremdenverkehrslandschaften, breitet sich im Bauernland behäbig und fruchtbar unter den Himmel, behütet sorgsam einschichtige Stille und umfängt versöhnlich uralte Industriegebiete. Das Grün der Steiermark ist mehr Zustand als Symbol, mehr Prinzip als Programm. So gesehen ist Grün auch den Steirern ganz selbstverständlich und alltäglich gemeinsam. Allerdings gibt es mehr als nur ein Grün: Weinblattgrün und Tannennadelgrün, Wiesengrün, Obstbaumblattgrün und Kastanienblattgrün, Wildwassergrün und Waldseegrün, Moosgrün, Stadtparkgrün, Almwiesengrün und noch so viele Varianten dazu, wie es verschiedene Landschaften und Lebensräume gibt. Grün verbindet und Grün macht aber auch Unterschiede deutlich, vom unübersehbaren Gegensatz bis in die feinsten Nuancen. So entsteht das Bild eines Landes, das aus vielen, klar voneinander abgegrenzten Welten besteht, verbunden in einer merkwürdigen Harmonie der Gegensätze.

Wie es sich so gehört für die Hauptstadt, ist Graz geradezu ein Musterbeispiel für die friedliche Koexistenz widersprüchlicher Lebensräume. Graz liegt mitten im steirischen Industriegebiet und ist von Bauernland umgeben, fließt in die Ebene aus und schmiegt sich ans Gebirge. In Graz ist der freundliche Leichtsinn des nahen Weinlandes zu spüren, elegische Weite und der müde Nachhall einer alten Arbeitswelt, die um neue Ziele und Strukturen ringt. Die Mur, dereinst die grüne Mur genannt, bringt doch tatsächlich so etwas wie Erinnerung an ihren unschuldig klaren Oberlauf mit in die Hauptstadt. Und wer vom Schloßberg zu den waldigen Gipfeln im Norden schaut, sieht das Land sich erheben und weiß, daß sanften Kuppen hochmütiges Felsgebirge folgt und pittoreske Enge den weiten Tallandschaften.

In this way, all thinkable colours can be considered under the "green roof". Speaking of green: more than half of Styria is forested; over twenty per cent of the land area is covered in green. This country colour is all over the place, effectively decorates beautiful tourist landscapes; sedately and fertilely spreads itself over the farming land under the sky; carefully protects the single-layered silence and embraces the ancient industrial areas in a conciliatory way. The green of Styria is more a status than a symbol; more a principle than a programme. From this point of view, for the Styrians, green is also both extremely natural and commonplace at the same time. Yet there is more than one shade of green: vine-leaf green and pine-needle green; meadow green, fruit-tree-leaf green and chestnut-leaf green; wild-water green and forest-lake green, moss green, city-park green, Alpine-pasture green – and as many more variants in addition to that as there are different landscapes and living spaces. Green unites, but green also makes differences clear – from the conspicuous contrasts to the finest nuances. So an image of a country is formed, made up of many, clearly distinct worlds, connected by a strange harmony of contradictions.

As is expected from a capital city, Graz is an absolute prime example of the peaceful coexistence of contradictory living spaces. Graz is located in the centre of the Styrian industrial area and is surrounded by farming land, flows into the plains and is nestled into the mountains. In Graz the friendly frivolousness of the nearby wine region can be felt; elegiac vastness and the tired echo of an ancient working world struggling for new goals and structures. The Mur river, once called the green Mur, really does bring to the capital city something like the memories of its innocent, clear headwaters. And looking from Schlossberg to the forested summit in the north you can see the land rising and know that rolling crests of proud, rocky mountains follow, and picturesque narrowness, the vast valley landscapes.

On the one hand, Styrians have learned over centuries to live with the multi-facetedness and the differences of their country – but even more, to cultivate them. On the other hand, it always seemed that the constantly returning external threats made it advisable

2

3

Einerseits haben es die Steirer durch Jahrhunderte gelernt, mit der Vielfalt und den Gegensätzen ihres Landes zu leben, mehr noch, sie zu kultivieren, andererseits ließ es die immer wiederkehrende Bedrohung von außen ratsam erscheinen, die zahlreichen Mosaiksteine zu einem überzeugenden Ganzen zu verbinden, ohne an ihre Eigenständigkeit zu rühren. So kommt es, daß sich die Steiermark für Wien und das übrige feindliche Ausland als kompaktes und seit Jahrhunderten ziemlich sperriges Stück Österreich darstellt, während die Steirer vergnügt und virtuos mit vielen bunten Teilchen spielen, von denen nur sie wissen, wie sie derzeit wirklich zusammenpassen.

Wer über die Farben der Steiermark spricht, wird die Gold- und Brauntöne des herbstlichen Weinlaubs nicht vergessen dürfen. Die steirischen Weinlandschaften sind eine kleine Wunderwelt von unwiderstehlicher Fülle, die weinselige Verwirrung auf die Spitze treibt jedoch das Sausal. Zu Füßen des weststeirischen Gebirgsrandes, in der weitläufigen südsteirischen Landschaft, buckelt es wie eine trotzige Insel gen Himmel: ein kompaktes, in sich geschlossenes Hügelland, das wie ein trunkenes Königreich Berg und Tal zu einem verspielten Chaos verknüpft und nicht einmal den ganz nüchtern läßt, der vom Wein noch gar nicht gekostet hat. Hier, zwischen den Flüßchen Laßnitz und Sulm, unweit der behäbigen Weinstadt Leibnitz, geraten unvermutet Täler zu grünen Schluchten und gibt es die steilsten Weingärten der Steiermark, in denen oft nur mit Hilfe von Seilwinden gearbeitet werden kann. In tieferen Lagen stehen Wälder, durchsetzt von Edelkastanien, doch an den Hängen und auf den Kuppen wächst der Wein in den Himmel, und die Dörfer nisten dazwischen: ein unheiliges Paradies, auch wenn es sich spröde und fromm gibt an diesem frühen Sommermorgen. Wie gefaltete Hände streben die steilen Hänge himmelwärts, und eine eben erst erwachte Sonne streicht scheu über die Kuppen. Unten, in den tief eingeschnittenen, waldigen Tälern hängt noch feiner Dunst, allmählich werden die Schatten durchsichtig und bekommen helle Ränder. Ein Hauch von Wärme kommt über die Kühle des frühen Morgens; die Luft, erst frisch und fast ein wenig herb, schmeckt nach und nach voller, nach Leben und Fruchtbarkeit. Noch blüht hier der Wein in aller Unschuld, doch wenig später wird die Sommersonne den jun-

to connect the numerous mosaic pieces together in a convincing whole without touching the autonomy. So for Vienna, and the rest of the hostile foreign countries, Styria represents a compact and rather cumbersome piece of Austria, while the Styrians play with the many colourful parts with amusement and virtuosity, being the only ones who currently know how they really match.

When speaking about the colours of Styria, the gold and brown tones of the autumnal vine leaves will not be forgotten. Styrian vineyard landscapes are a small wonder-world of irresistible abundance; the Sausal region carries merry confusion to the extreme. At the foot of the west Styrian mountain edge, in the vast south Styrian landscape, the land bucks heavenwards like a defiant island: a compact, self-contained hill country, which, like a drunken kingdom, connects mountain and valley in playful chaos and doesn´t even leave sober those who have yet to touch the wine. Here, between the small rivers Lassnitz and Sulm, not far from the sedate wine city of Leibnitz, valleys unexpectedly turn into green ravines. And there are the steep vineyards in Styria, which can often only be worked using cable winches. Deeper down, there are forests, interspersed with sweet chestnuts, but on the hangs and on the crests the vines grow towards the sky and the villages nestle in between. An unholy paradise, even if it pretends to be brittle and pious on this early summer morning. The steep hangs reach heavenward like praying hands, and a sun that has just awoken spreads shyly over the crests. Below, in the deeply cut, forested valleys, the fine mist still hangs about. Gradually the shadows become transparent and edged with light. A touch of warmth pushes through the cool of the early morning; the air, firstly fresh and almost a bit tart, little by little starts to taste fuller – tastes of life and fecundity. The wine here still grows in all innocence, but a bit later the summer sun will heat the young grapes until their round, plump, ripeness will awaken the desire of the vintners and the starlings.

Alps, Alpine foreland, hill country and plains – Styria's geological shape is reminiscent of ocean waves frozen in vehement movement; the ones in the south gradually becoming calmer, slowly ebbing away, finally subsiding into an even shore. The northern

4

5

6

gen Trauben einheizen, bis sie rund und prall und reif die Begehrlichkeit der Winzer und der Stare wecken.

Alpen, Alpenvorland, Hügelland und Ebene – ein wenig erinnert die Bodengestalt der Steiermark an in heftiger Bewegung erstarrte Meereswellen, die dem Süden zu allmählich ja doch friedlicher werden, langsam verebben und schließlich ruhig am flachen Ufer auslaufen. Die Nördlichen Kalkalpen lassen nichts an felsiger Dramatik zu wünschen übrig: das vergletscherte Dachsteinmassiv, das riesige Karstgebiet des Toten Gebirges und die schroff aufragenden Ennstaler Alpen mit dem Durchbruchstal der Enns, dem Gesäuse. Karst bestimmt auch das Bild in den Niederen Tauern, doch gibt es hier keine Gletscher, obwohl viele Gipfel beachtliche Höhen erreichen wie zum Beispiel die Hochwildstelle in den Schladminger Tauern. Südlich der Mur zeichnet das Mittelgebirge sanftere Konturen mit bewaldeten Berghängen und grasigen Kuppen. Doch immerhin ragen die Gurktaler und die Seetaler Alpen recht deutlich über 2000 Meter hoch. Durchwegs bescheidener regiert das gebirgige Triumvirat von Stubalpe, Gleinalpe und Packalpe die Landschaft in der großen Murschleife. Südlich des Mürztales folgen die ruhigen, ernsten Höhenzüge der Fischbacher Alpen – bekanntermaßen Peter Roseggers Waldheimat – und verlieren sich gegen das Burgenland hin im munteren Hügelgewirr des Jogllandes.

Bleibt das Steirische Becken rings um Graz, in dem sich die steinerne Ordnung der Alpen in sanfte Vielfalt auflöst: Braunkohlenreviere in der Gegend um Köflach, das glücklich verwunschene Paradies des Steirischen Hügellandes, vulkanische Kegelberge, weithin ebenes Land.

Den überwiegenden Teil der Erdgeschichte war die Schöpfung übrigens ohne Zutun des Menschen damit beschäftigt, die Steiermark dermaßen abwechslungsreich zu formen, sie mit Wasserläufen und Seen auszustatten, mit Wiese, Busch und Baum und dem zur jeweiligen Landschaft passenden Getier. Als dann die Erde an die drei Milliarden Jahre alt war, bezogen vor etwa lächerlichen 150.000 Jahren die ersten Steirer als Jäger und Sammler ihre Wohnhöhlen. Erst vor ungefähr 4000 Jahren kamen Ackerbauern ins Land und begannen damit, die Naturlandschaft in eine Kulturlandschaft umzuwandeln. Auch die Anfänge der Industrie ließen nicht lange auf sich warten. Erzabbau und Eisenverarbeitung haben in der Steiermark eine lange Tradition. Der Steirische Erzberg wurde schon von den Kelten genutzt, dann von den Römern; die Germanen hatten nur beiläufiges Interesse, doch um so intensiver schürften später die Slawen.

Das Salz schreibt ein anderes, großes Kapitel steirischer Industriegeschichte. Aus Quellsole wurde das „Weiße Gold" vermutlich schon vor Tausenden von Jahren genutzt. Im 12. Jahrhundert dürfte das steirische Stift Rein erstmals im Ausseerland Stollen und Solefassungen angelegt haben. Damit wurde nach dem prähistorischen Bergbau in Hallstatt erstmals wieder in den Ostalpen, und zwar diesmal in der Steiermark, unter Tag Steinsalz gefördert und Sole gewonnen. Eisen, Salz, Holz und Kohle prägten die Entwicklung der Grünen Mark zum Industrieland, die auch noch das Kunststück zuwege

limestone Alps leave nothing to be desired when it comes to rocky drama: the glacial Dachstein massif, the huge karst area of the Totes Gebirge mountains and the craggily looming Ennstal Alps with the transverse valley of the Enns, the Gesäuse mountains. Karst also defines the picture of the Lower Tauern mountain range, but here there are no glaciers – even though the peaks reach remarkable heights, like the Hochwildstelle in the Schladming Tauern mountains, for example. South of the Mur river the low mountain ranges show softer contours with forested mountain sides and grassy knolls. But still, the Gurktal and Seetal Alps quite clearly rise up over 2000 metres. Consistently modest, the mountainous trinity of the Stub Alps, Glein Alps and Pack Alps reign over the landscape around the great Mur river loop. South of the Mürztal valley, the quiet, serious Fischbach Alp mountain range follows – now known as "Waldheimat" ("Home in the Forest"), a term coined by Austrian poet Peter Rosegger – and disappears towards Burgenland in the higgeldy-piggeldy tangle of the Joglland region.

That leaves us with the Styrian Basin around Graz, where the mountainous arrangement of the Alps dissipates into soft diversity: brown coal fields in the region around Köflach, the happily enchanted paradise of the Styrian rolling hills, volcanic cone-shaped mountains; for miles around, flat land.

The greater part of the history of the earth's creation – without human assistance – has been busy giving Styria diversity, giving it waterfalls and lakes; meadows, bushes and trees and creatures appropriate for each landscape. When the earth was three billion years old, about a ridiculous 150,000 years ago the first Styrians inhabited their cave dwellings as hunters and gatherers. Not until about 4000 years ago did the crop farmers come to the land and begin transforming the natural landscape into land cultivated by humans. The beginnings of industry were also not long in coming. Ore mining and the iron industry have a long tradition in Styria. The Styrian Erzberg was already used by the Celts, then the Romans. The Teutons were only casually interested – and the Slavs prospected all the more intensely later.

Salt has a different, long chapter in Styrian industrial history. Won from spring brine, "white gold" was presumably used as early as thousands of years ago. In the 12th century, the Styrian Rein Abbey probably tunnelled the mine and constructed brine basins for the first time in the Ausseerland. Following the prehistoric mining in Hallstatt, this was the first time in the eastern Alps, this time in Styria, that rock salt was mined underground and brine won. Iron, salt, wood and coal defined the development of the green march and made it industrial land, while it also managed to remain farming land. With the development of Styria, the Styrians also became what they are: characterised by mountains and valleys and vast landscapes; moulded by their working world. In some regions, like the Salzkammergut, for centuries they were reliant on each other in remote self-sufficiency; in the vast borderland on the other hand, constantly exposed to the wind of change or storm of violence.

brachte, Bauernland zu bleiben. Mit dem Werden der Steiermark wurden auch die Steirer, wie sie eben sind: geprägt von Berg und Tal und weitem Land, geformt von ihrer Arbeitswelt. In manchen Gegenden, wie etwa dem Salzkammergut, waren sie durch Jahrhunderte in einschichtiger Selbstgenügsamkeit aufeinander angewiesen, im weiten Grenzland hingegen ständig dem Wind der Veränderung oder dem Sturm der Gewalt ausgesetzt. Dorfsteirer, Marktsteirer, Kleinstadtsteirer und Hauptstadtsteirer fanden zu ihrer Art, das Leben zu meistern.

Mit der wachsenden Verantwortung für das Geschick dieses reichlich komplizierten Staatsgebildes wuchs auch die Bedeutung von Graz als Zentrum der geistigen, wirtschaftlichen und politischen Kräfte im Vorfeld der Alpenländer, als Hauptfestung nach Südosten, gegen die Türkengefahr. In Graz gestaltete sich das Kräftemessen von Reformation und Gegenreformation besonders dramatisch, und wenn ein protestantischer Professor wie Johannes Kepler mit seinen katholischen Kollegen dennoch im Dienste vorurteilsfreier Wissenschaft Kontakt hielt, nahm er damit kühn und wegweisend eine tolerantere Zukunft vorweg.

Nicht vergessen sollte man allerdings zu guter Letzt, daß die Steiermark noch eine zweite Hauptstadt hat, eine spiritueller Natur. Mariazell ist weit über 800 Jahre alt. 1157 trug der Priestermönch Magnus eine schlichte Holzstatue der Muttergottes aus dem Kloster St. Lambrecht in seine einsam gelegene Zelle, und bald bekam Maria Besuch von Bauern, Hirten, Holzknechten und Jägern. Alle berichteten sie von wundersamen Ereignissen und dem wohltätigen Wirken der hölzernen Gottesmutter. Um das Jahr 1200 stiftete der Markgraf Heinrich Vladislav von Mähren eine Steinkirche für die Statue, und das schlichte Kunstwerk bekam seinen ersten Ehrentitel: *Mater Gentium Slavorum*. Nach einem erfreulichen Sieg, den er dem Wirken seiner Schutzpatronin zuschrieb, stiftete König Ludwig I. von Ungarn eine Votivtafel und die teilweise heute noch erhaltene gotische Gnadenkapelle. Damit war ein zweiter Ehrentitel unumgänglich: *Mater Hungarorum Domina*. All diese Ehren ließen allerdings jenen Namen nie verblassen, den ihr die Österreicher aus dem Stammland gegeben hatten: *Magna Mater Austriae*. War die Habsburgermonarchie in der Residenzstadt Wien längst zum Schauplatz nationaler Widersprüche geworden, im steirischen Mariazell beugten alle gemeinsam friedlich die Knie, hier hatte das christliche Europa seine geistliche Hauptstadt gefunden.

Die Geographie der Steiermark, sei es die materielle oder die geistige, ist nun einmal vieldeutig. Die passende Standortbestimmung lautet demnach: in Bewegung. Die klügste Art, ein Ziel zu erreichen, könnte sein, sich erst einmal zu verirren, und das Gewicht einer Erkenntnis wird sich nicht selten am Grad ihrer Beiläufigkeit abwägen lassen. Statt die Steiermark einzugrenzen, abzugrenzen, zu analysieren und zu definieren, wird man ihr schon eher mit kreativer Neugier gerecht. Dieses Land ist nämlich nicht zu fassen. Das macht es so angenehm begreiflich.

Village Styrians, market Styrians, small-town Styrians and main-city Styrians found their own ways to cope with life.

With the growing responsibility for the fortune of this amply complicated state machinery, the importance of Graz grew as one of the up-and-coming intellectual, economic and political centres of the Alpine countries, as the main fortifications against the south east, against the threat of the Turks. In Graz, the test of strength of the Reformation and Counter-Reformation was particularly dramatic. The Protestant professor Johannes Kepler was nevertheless in contact with his Catholic colleagues working for an unprejudiced science, daringly pointed the way towards a more tolerant future.

Last but not least, one shouldn´t forget that Styria still has a second capital, a spiritual one. Mariazell is much older than 800 years. In 1157, the priest-monk Magnus took a simple wooden Madonna from St. Lambrecht abbey to his remote cell, and soon Mary received visitors from farmers, shepherds, woodcutters and hunters. All of them reported wonderful events and the charitable influence of the limewood Madonna. Around the year 1200, Margrave Heinrich Vladislav of Moravia donated a stone church for the statue, and the simple piece of art received its first honorary title: *Mater Gentium Slavorum* ("Mother of the Slav peoples"). Following a gratifying victory, which he ascribed to his patron saint, King Louis I of Hungary donated a votive panel and a Gothic chapel of grace, parts of which are still preserved today. A second honorary title was indispensible: *Mater Hungarorum Domina* ("Ruler of Hungary"). All these honours, however, could not overshadow the name given to her by the Austrians: *Magna Mater Austriae* – "Great Mother of Austria". While the Habsburg monarchy in the imperial residency Vienna had long since become the scene of national conflicts, in Mariazell all bowed their knees peacefully. Here Christian Europe had found its spiritual capital.

The geography of Styria, be it the material or the spiritual, has always been ambiguous. The only suitable definition of its position is: in motion. The most clever way to reach a goal could be to first lose one's way, and the importance of a realisation is often evaluated by the degree of its triviality. Instead of limiting Styria to certain borders, analysing and defining it, treating it with creative curiosity is more likely to do it justice. Because this country cannot be described and that is why it is so easy to understand.

7

2: Auf der Südsteirischen Weinstraße **3:** Winter im Koralpenmassiv **4:** Italienisches Flair: der Arkadenhof des Grazer Landhauses, errichtet im 16. Jahrhundert im Auftrag der Landstände **5:** Groß und mächtig erhebt sich der Grimming zwischen Ennstal und Ausseerland. **6:** Beeindruckende Farbenpracht am Grazer Hausberg: der Schöckl **7:** Bäuerlich geprägte Kulturlandschaft im Pöllauer Tal: Wiese. Acker und Streuobst. Die Region ist für die „Pöllauer Hirschbirne" bekannt, aus der unter anderem hochprozentige Getränke sowie Most hergestellt werden.

2: On the south Styrian wine route **3:** Winter in the Koralpe massif **4:** Italian flair: arcaded courtyard of the Graz Landhaus, built in the 16th century commissioned by the estates of the country **5:** Large and powerful, the Grimming rises between Ennstal and Ausseerland **6:** Impressive blaze of colour on the Graz's local mountain: the Schöckl **7:** Rurally defined cultural landscape in the Pöllau valley: Meadow, field and orchards. The region is known for the Pöllauer Hirschbirne [pear] out of which spirits and must, among other things, is produced.

1

1: „Wo der Aar noch haust“: Der Dachstein, mit 2995 m („Hoher Dachstein“) der Steiermark höchster Berg, lockt seit dem 19. Jahrhundert sommers und winters zahlreiche Bergsteiger an.
2-3: Der 2351 m hohe Grimming in weißer Pracht
4: Wunderschönes Schigebiet: bei Donnersbachwald in den Niederen Tauern

1: The Dachstein, at 2995m (Hoher Dachstein), Styria's highest mountain has been luring scores of mountain climbers in both summer and winter since the 19th century.
2-3: The Grimming, 2351 metres high, in white splendour
4: Wonderful skiing region: near Donnersbachwald in the Lower Tauern mountains

2

3

4

1

1: Bergland Steiermark: Majestätisch präsentieren sich die Hohen Tauern, eine Gebirgskette der Ostalpen. Der Begriff „Tauern“ soll sich aus einer alten Bezeichnung für Passübergänge ableiten, es gibt jedoch auch andere Deutungen.
2: Bäume bei Alpl (Fischbacher Alpen) im Winterkleid in der „Waldheimat“ Peter Roseggers
3-4: Hochschwabmassiv (Steirische Kalkalpen): Der gleichnamige höchste Gipfel erreicht 2277 m. Aus diesem Gebiet wird die 2. Wiener Hochquellenleitung mit Wasser gespeist.

1: Styrian mountain world: the majestic Hoher Tauern, a mountain chain of the eastern Alps. The term "Tauern" supposedly comes from the old term for mountain passes, but other meanings also exist.
2: Trees near Alpl (Fischbacher Alps) in winter dress in the "Waldheimat" of poet Peter Rosegger
3-4: Hochschwab mountain (Styrian limestone Alps): The highest summit of the eponymous mountain is 2277m. The second Vienna mountain spring is fed with water from this region.

2

3

4

1

2

3

4

1: Atemberaubende Kulisse: Die Aflenzer Staritzen im östlichen Hochschwabgebiet
2-5: Die Salza, auch „Mariazeller Salza" genannt, gilt als einer der schönsten Flüsse des Landes. Sie entspringt in Niederösterreich, fließt an Mariazell und am Hochschwab vorbei und mündet bei Großreifling in die Enns.

1: Breathtaking backdrop: the Aflenz Staritzen in the eastern Hochschwab mountain region
2-5: The Salza, also known as Mariazeller Salza is one of the most beautiful rivers in the region. It comes from Lower Austria, flows past Mariazell and the Hochschwab and flows into the Enns river near Grossreifling.

5

1

1: Postkartenidylle in den Hohen Tauern
2: Das „steirische Meer": Der Grundlsee im steirischen Salzkammergut ist der größte Natursee des Landes.
3: Alljährlich findet, meistens am letzten Wochenende im Mai, im Ausseerland das Narzissenfest statt. Der Bootskorso ist einer der Höhepunkte der Veranstaltung.
4: Smaragdgrün schimmert das klare Wasser des Grünen Sees bei Tragöß.
5: Wildromantisches Ennstal
6: Die 88 km lange Salza bietet ideale Bedingungen für den Wildwassersport in nahezu unberührter Natur.

1: Postcard idyll in the Hohe Tauern mountains
2: The "Styrian ocean": Grundlsee in the Styrian Salzkammergut is the largest natural lake in the province
3: Every year, usually on the last weekend in May, the daffodil festival takes place in Ausseerland. One of the highlights is the boat parade.
4: Emerald green shimmers the clear water of the green lake near Tragöss.
5: The wildly romantic Ennstal valley
6: The Salza, 88km long, has ideal conditions for water sports in almost untouched natural surroundings

2

3

4

5

6

1

2

3

1: Die Stadt Mureck in der südlichen Steiermark weist mit der „Schiffsmühle" auf der Mur eine besondere Attraktion auf. 1997 nach historischem Vorbild gebaut, wird hier heute noch biologisches Getreide vermahlen.
2: Wird gerne von Fahrradfahrern und Wanderern genutzt: Die Rollfähre bei Weitersfeld verbindet das steirische mit dem slowenischen Murufer.
3: „Eisen immerdar": Der Sage nach bot ein Wassermann, den Bewohner der Gegend gefangen genommen hatten, im Gegenzug für seine Freilassung Gold und Silber für begrenzte Zeit oder immerwährend Eisen an – die Leute entschieden sich für Eisen.
4: Der „Steirische Brotlaib": Inmitten einer malerischen Landschaft findet man am Erzberg bei Eisenerz den größten Erztagebau Mitteleuropas.

1: The town of Mureck in southern Styria has a special attraction with its water mill on the Mur river. Built in 1997 based on historical models, today organic cereals are ground here. **2:** A favourite with cyclists and hikers. The cable ferry near Weitersfeld connects the Styrian with the Slovenian Mur banks.
3: "Iron forevermore": According to legend, a merman, whom inhabitants of the region had caught, offered gold and silver for a limited time or perpetual iron in return for his release – people chose the iron.
4: The "Styrian loaf of bread": In the midst of a picturesque landscape on the Erzberg near Eisenerz you'll find the biggest open mine pit in central Europe.

4

1

Waldbäume im Farbenspiel des Herbstes: Grebenzen **(1)** und Plabutsch **(2)**
Bei Krieglach: Mystische Stimmung im Herzen der „Waldheimat" **(3)**

Forest trees in autumn colours: Grebenzen **(1)** and Plabutsch **(2)**
Near Krieglach: mystical atmosphere in the heart of poet Peter Rosegger's "Waldheimat" **(3)**

2

3

1

2

3

1-3: Naturdenkmal Bärenschützklamm bei Pernegg: Eine Steiganlage ermöglicht den Besuchern die Besichtigung dieser beeindruckenden Felsenklamm mit ihrer vielfältigen Tier- und Pflanzenwelt.
4: Palfauer Wasserlochklamm: Das Wasser eines in einer Quellhöhle („Wasserloch") gelegenen Sees ergießt sich in unregelmäßigen Zeitabständen in die Wasserlochklamm, die mit ihren Canyons und Wasserfällen ein einzigartiges Naturjuwel darstellt.

1-3: Nature monument Bärenschützklamm gorge near Pernegg: A climbing system makes it possible for visitors to see this impressive Felsenklamm with its multifaceted flora and fauna world.
4: Palfauer waterfall gorge: Water from a lake situated on a wellspring gushes into the water cavity at irregular intervals. With its canyons and waterfalls, the gorge is a unique jewel of nature.

4

1: Ein Eldorado für Angler: die Grasluppteiche im Naturpark Grebenzen.
2: Sowohl für Bade- als auch für Wanderfreunde ein lohnendes Ziel: der Leopoldsteinersee in der Nähe von Eisenerz.
3: Malerische Obersteiermark: Pürgg; im Vordergrund die Pfarrkirche hl. Georg.
4: Rinderweide bei Murau.
5: Naturbelassenes Krakautal: Landschaft bei Krakauhintermühlen.

1: An Eldorado for fishers: the Graslupp lake in Grebenzen nature park
2: A rewarding destination for swimming and hiking fans: Leopoldsteinersee lake near Eisenerz
3: Cattle pasture near Murau
4: Picturesque Upper Styria: Pürgg; in the foreground, St. George parish church
5: Natural Krakautal valley: landscape near Krakauhintermühlen

2

3

1

4

5

1

2

1: Die Hölzlerhütte bei Oberwölz. Oberwölz am Fuße der Wölzer Tauern ist die kleinste Stadt der Steiermark. Die traumhafte Umgegend lädt zu erholsamen Wandertouren ein. **2:** Das 1962 gegründete Österreichische Freilichtmuseum Stübing in der Nähe von Graz mit seinen historischen bäuerlichen Gebäuden aus Österreich und Südtirol ist eines der größten Freilichtmuseen Europas. **3:** Im Herzen des Schilcherlandes: Hochgrail **4:** Bauernhaus bei Langegg **5:** Südsteirisches Weinland: bei Kitzeck im Sausal

4

3

1: The wooden hut near Oberwölz. Oberwölz at the foot of the Wölzer Tauern is Styria's smallest town. The beautiful surroundings invite relaxing hiking tours.
2: Founded in 1962, the Austrian Open-air Museum Stübing near Graz with its historical rustic buildings from Austria and South Tyrol is one of the biggest open air museums in Europe. **3:** At the heart of the Shilcherland: Hochgrail **4:** Farmhouse near Langegg **5:** South Styria's wine country: near Kitzeck im Sausal

5

1

Ländliche Impressionen: An der Schilcherweinstraße **(1-2)**; „Herzliches" bei Kitzeck **(3)**; Krakauebene: „Stillleben" mit Milchkannen **(4)**; Impressionen aus Pürgg **(5-6)**; Die Pfarrkirche hl. Georg in Pürgg, deren älteste Bauteile aus der 1. Hälfte des 12. Jahrhunderts stammen, weist eine Anzahl von bemerkenswerten Fresken aus dem späten Mittelalter auf. **(7)**

Rural impressions: on the Schilcher wine route **(1-2)**; "Of the heart" near Kitzeck **(3)**; Krakauebene region: "still life" with milk cans **(4)**; Impressions from Pürgg **(5-6)**; The parish church St. George in Pürgg, the oldest parts of which originate from the first half of the 12th century, displays a number of remarkable frescos from the late Middle Ages. **(7)**

2

3

4

5

6

7

2

3

1

1: Das im 13. Jahrhundert gegründete Bad Radkersburg war dereinst eine reiche Handelsstadt. Die zum Teil erhaltenen Befestigungsanlagen aus dem 16. Jahrhundert sowie die schönen Häuser der Altstadt legen davon beredtes Zeugnis ab.
2: Ehrenhausen in der Südsteiermark besticht durch seinen gut erhaltenen historischen Ortskern mit der Pfarr- und Wallfahrtskirche.
3: Das am Zusammenfluss von Mur und Mürz gelegene Bruck an der Mur, im 13. Jahrhundert planmäßig neu angelegt, ist von alters her eine der wichtigsten Städte der Steiermark.
4: Das malerisch unweit des Grimmings gelegene Pürgg hat einst von Peter Rosegger den wohlklingenden Beinamen „Steirisches Kripperl" erhalten.
5: Die Bezirkshauptstadt Murau, eine Gründung der Liechtensteiner, war im Mittelalter eine bedeutende Handelsstadt mit einer imposanten, teilweise erhaltenen Stadtbefestigung. Die Besichtigung der wunderschönen Altstadt ist zu jeder Jahreszeit ein besonderes Erlebnis.

1: Bad Radkersburg, founded in the 13th century, was once a wealthy trade city. The partly preserved fortifications from the 16th century and the beautiful houses of the old town bear eloquent witness to this.
2: Ehrenhausen in southern Styria impresses with its very well preserved historical town centre with the parish and pilgrimage church.
3: Located at the confluence of the Mur and Mürz rivers, Bruck an der Mur, redeveloped in the 13th century, has been one of the most important Styrian towns since ancient times.
4: Picturesque Pürgg not far from Grimming mountain received the melodious epithet "Steyrische Kripperl" [Styrian crib] from Peter Rosegger some time ago.
5: The district capital Murau, established by the Liechtensteins, was an important medieval trading town with an impressive, partly preserved fortification. Visiting the wonderful Old Town is a special experience at any time of year.

4

5

1

2

3

1: An der Schilcherweinstraße: Altes Gemäuer inmitten blühender Natur
2: Das im 17./18. Jahrhundert erbaute Schloss Gamlitz beherbergt heute unter anderem ein Weinmuseum.
3: In Gamlitz, eine der größten Weinbaugemeinden der Steiermark: Beim Winzer labt man sich bestens mit den edlen Tropfen aus der Gegend.
4: Oststeirisches Haus mit Giebeldach

1: On the Schilcher wine route: ancient walls in the middle of blossoming nature
2: Schloss Gamlitz, built in the 17th/18th centuries, today houses a wine museum, among other things
3: In Gamlitz, one of the largest wine making communities in Styria: refreshments from the vintners with the fine drops of the region
4: East Styrian house with gabled roof

4

1

1: Reich geschmückter Maibaum in Gamlitz **2:** Hauptplatz in Bruck an der Mur mit dem Kornmesserhaus und dem schmiedeeisernen Brunnen aus dem 17. Jahrhundert 3: Bad Radkersburg: Hauptplatz mit Mariensäule **4:** „Weinmetropole" in der Südsteiermark: Gamlitz **5:** Die Bezirkshauptstadt Leibnitz. In der Römerzeit lag in diesem Gebiet die Stadt Flavia Solva. Die mittelalterliche Stadtgründung erfolgte wohl im 12./13. Jahrhundert. **6:** Der bedeutendste Wallfahrtsort des Landes: Mariazell, gelegen in einer herrlichen Landschaft der nördlichen Kalkalpen im Grenzgebiet der Steiermark zu Niederösterreich. **7:** Der Markt Schwanberg, entstanden im 13. Jahrhundert als Burgsiedlung an den beiden wichtigen Straßen über die Koralpe. Dadurch erklärt sich die charakteristische dreieckige Form des Hauptplatzes.

1: Richly decorated May pole in Gamlitz **2:** Main square in Bruck an der Mur with the Kornmesserhaus and the wrought-iron fountain from the 17th century **3:** Bad Radkersburg: main square with Marian pillar **4:** "Wine capital" in southern Styria: Gamlitz **5:** The district capital Leibnitz. During the Roman age the town of Flavia Solva was situated here. The medieval founding of the town took place in the 12th and 13th centuries. **6:** The most important place of pilgrimage in the country: Mariazell, located in the magnificent landscape of the northern limestone Alps on the border of Styria and Lower Austria. **7:** The Schwanberg Market, developed in the 13th century as a settlement on both the important routes over the Koralpe, which explains the characteristic triangular form of the main square.

2

3

4

5

6

7

1: Die Fremdenverkehrsgemeinde Stubenberg in der Oststeiermark. Der Name des Ortes leitet sich vom Geschlecht der Stubenberger ab.
2: St. Peter am Kammersberg im Bezirk Murau. Die romanisch-gotische Pfarrkirche wartet mit sehenswerten gotischen Fresken auf.
3: Kurort im Ennstal: Gröbming. Die Naturschönheiten der Umgebung mit den Bergen Kammspitze und Stoderzinken bieten ideale Voraussetzungen für perfekte Erholung.

1: The tourism community Stubenberg in eastern Styria; the name of the village comes from the Stubenberg lineage.
2: St. Peter am Kammersberg in the district of Murau. The Roman-gothic parish church offers gothic frescos worth seeing.
3: Spa resort in Ennstal valley: Gröbming. The natural beauty of the surroundings with the Kammspitze and Stoderzinken mountains offer ideal conditions for perfect relaxation.

1

2

3

1

2

3

1: Geistthal in der Weststeiermark mit der gotischen Pfarrkirche hl. Jakob
2: Im Weinland: Blick auf Sernau
3: Mediterrane Südsteiermark: Aussicht von Ottenberg Richtung Slowenien
4: Lädt ein zum Innehalten: Kapelle bei Rachau im Bezirk Murtal

1: Geistthal in western Styria with the gothic parish church St. Jacob
2: In wine country: view of Sernau
3: Mediterranean southern Styria: view from Ottenberg towards Slovenia
4: Inviting a pause: chapel near Rachau in the Murtal district

4

1

2

3

1: Kitzeck im Sausal: Weinbauort im Naturpark Südsteirisches Weinland
2: Halbenrain: Patronatspfarrkirche hl. Nikolaus
3: Eines der bedeutendsten Klöster Österreichs: Stift Admont. Im 11. Jahrhundert geweiht, wurde es 1865 durch einen Großbrand fast völlig zerstört und musste wiederrichtet werden; zum Glück blieb die weltberühmte Stiftsbibliothek verschont.
4: Schwanberg: Filialkirche hl. Josef.
5: Stift Seckau. Im 12. Jahrhundert als Augustiner-Chorherrenstift gegründet, war es jahrhundertelang ein geistiges und kulturelles Zentrum von überregionaler Bedeutung, bis es 1782 aufgehoben wurde; 1883 wurde es von Benediktinern neu besiedelt und dieser Orden wirkt hier bis zum heutigen Tag.
6: Das weststeirische Bärnbach, seit Langem bekannt für seine Glaserzeugung, hat eine ganz besondere Kirche: die „Hundertwasser-Kirche", die ab 1987 vom Meister persönlich umgestaltet wurde.

1: Kitzeck in Sausal: wine growing region in the South Styrian Wine Country nature park
2: Halbenrain: Patronage parish church St. Nicholas
3: One of the most important Austrian abbeys: Admont Abbey. Consecrated in the 11th century, it was almost completely destroyed in 1865 by a huge fire and had to be reconstructed. Luckily the world famous abbey library was spared.
4: Schwanberg: the succursal church of St. Joseph
5: Stift Seckau. In the 12th century founded as an Augustine monastery, for centuries a spiritual and cultural centre of supra-regional importance, until it was abolished in 1782. In 1883 it was taken over by the Benedictines, the order of which still lives on here today.
6: The west Styrian Bärnbach, long known for its production of glass, has a very special church, the Hundertwasser Church, which was remodelled in 1987 by the master Friedensreich Hundertwasser himself.

4

5

6

1-3: Darf in Mariazell nicht fehlen: ein reiches Angebot an Devotionalien
4: Der Wallfahrtsort Mariazell übt eine fast magisch zu nennende Anziehungskraft auf Pilger aus aller Herren Länder aus, die alljährlich in hellen Scharen hierher kommen, das Gnadenbild aus dem 13. Jahrhundert zu schauen. Die Basilika wurde im Laufe der Zeit mehrmals umgestaltet.

1-3: Not to be missed in Mariazell: a rich offering of devotional objects
4: The pilgrimage site Mariazell has an almost magical draw for the pilgrims from all over the world who flock here in droves every year to see the miraculous image from the 13th century. The basilica has been remodelled several times over the years.

1

2

3

4

1: Schloss Stainz. Das ehemalige Augustiner-Chorherrenstift wurde 1785 säkularisiert und 1840 von Erzherzog Johann erworben, der in Stainz sogar Bürgermeister war und dessen Nachfahren noch immer hier leben.
2: Burg Rabenstein bei Adriach: Die erste hier bestehende Feste brannte im 15. Jahrhundert aus und ist seither eine Ruine. Die untere Burg (Schloss) stammt wohl aus dem 14. Jahrhundert.
3: Burgruine Schachenstein oberhalb von Thörl: Im 15. Jahrhundert wurde Schachenstein als letzte Höhenburg der Steiermark in strategisch günstiger Lage errichtet, im 17. Jahrhundert setzte der Verfall ein.
4: Burg Strechau bei Rottenmann: Die mächtige, gut erhaltene Anlage hatte ihre Anfänge im 11. Jahrhundert und beherrscht das Paltental. Der Innenhof wurde in der Reformationszeit im Stil der Renaissance umgebaut.
5: Burg Deutschlandsberg: Gegründet im 12. Jahrhundert, wurde die Burg, die die unter ihr vorbeiführende Straße sicherte, in späterer Zeit mehrmals erweitert.

1: Schloss Stainz. The former Augustine monastery was secularised in 1785 and in 1840 was acquired by Archduke Johann, who was even mayor in Stainz and whose descendants still live here.
2: Burg Rabenstein near Adriach: The first existing fortification burned down in the 15th century and has been in ruins since then. The lower Burg (Schloss) probably originates from the 14th century.
3: Schachenstein ruins near Thörl: In the 15th century Schachenstein was built as Styria's last Höhenburg in a strategically favourable location. In the 17th century it began to decline.
4: Burg Strechau near Rottenmann: The powerful, well kept complex dates back to the 11th century and rules over the Paltental valley. The inner courtyard was remodelled in Renaissance style during the Reformation.
5: Burg Deutschlandsberg: Founded in the 12th century, the castle, which secured the streets that ran below it, was extended several times later on.

2

3

1

4

5

1

1: Das Schloss Piber, die „Heimat der Lippizaner“, die hier seit 1920 für die Spanische Hofreitschule in Wien gezüchtet werden. **2:** Seit Jahrhunderten ein bedeutendes kulturelles Zentrum: das im 11. Jahrhundert gegründete Benediktinerstift St. Lambrecht im steirisch-kärntnerischen Grenzgebiet. **3:** Schloss Halbenrain: Das Schloss wurde im 16./17. Jahrhundert errichtet und nach einem Brand im 18. Jahrhundert neu gestaltet. Heute ist hier eine Fachschule für Land- und Ernährungswirtschaft beheimatet. **4:** Aus dem Stift wurde ein Schloss: das ehemalige Augustiner-Chorherren-Kloster Pöllau.

3

2

1: Schloss Piber is the "home of the Lippizans", which have been bred since 1920 for the Spanish Riding School in Vienna. **2:** For centuries an important cultural centre: the Benedictine monastery St. Lambrecht, founded in the 11th century, at the Styrian-Carinthian border. **3:** Schloss Halbenrain: The palace was built in the 16th/17th centuries and was remodelled in the 18th century after a fire. Today it is a technical school for agriculture and food. **4:** From a monastery to a castle: the former Augustinian canons monastery in Pöllau

4

1

2

3

4

1: Kunsthaus Graz: modernes architektonisches Highlight in der Murvorstadt **2:** Mariatroster Kirche: Bedeutende barocke Wallfahrtskirche in der Landeshauptstadt **3:** 1239 gründeten die Minoriten in Graz ein Kloster, das 1515 von den Franziskanern übernommen wurde. In der Umgebung der Kirche herrscht jahrein und jahraus reges Treiben. **4:** Der Grazer Stadtpark wurde ab 1869 unter Bürgermeister Moritz Ritter von Franck auf ehemaligen Exerziergründen des Militärs angelegt und dient seither der Bevölkerung als Erholungsraum. **5:** Das Wahrzeichen der Landeshauptstadt Graz: der Uhrturm **6:** Schloss Eggenberg in Graz: Der repräsentative Bau aus dem 17. Jahrhundert ist eine der Hauptattraktionen der Stadt; er weist unter anderem 24 sehenswerte Prunkräume und den beeindruckenden „Planetensaal" auf. Ein ausgedehnter Park umgibt das Schloss.

1: Kunsthaus Graz: modern architectural highlight of the Mur suburbs **2:** Mariatroster church: an important Baroque pilgrimage church in the capital city Graz **3:** In 1239 in Graz the Minorites founded a monastery, which was taken over by the Franciscans in 1515. Surrounding the church year in, year out there's a lot going on. **4:** The Stadtpark in Graz was set up in 1869 under Mayor Moritz Ritter von Franck on former military exercise grounds and since then has served as a place of relaxation for the public. **5:** The landmark of the capital city Graz: the clock tower **6:** Eggenberg Castle in Graz: The representative building from the 17th century is one of the city's main attractions. Among other things, it has 24 lovely state rooms and the impressive Planetary Room. An extensive park surrounds the palace.

5

6

1

1: Der „Steirische Panther": Stolz prangt das Landeswappen auf einem Tor des Landhaushofes.
2: Der Botanische Garten in Graz: Die im 19. Jahrhundert gegründete Anlage liegt mitten in einem Villenviertel unweit der Karl-Franzens-Universität. 1995 erfolgte die Eröffnung der neuen Gewächshäuser.
3: Die Stadthalle Graz, eröffnet im Jahre 2002. Auf 6.500 m^2 erlaubt sie Veranstaltungen mit bis zu 11.000 teilnehmenden Personen.
4: Die legendenumwobene Figur des „Türken" am Palais Saurau in der Grazer Sporgasse. Die Sage berichtet, ein türkischer Befehlshaber habe einst hier sein Mahl eingenommen, als ihm plötzlich durch eine vom Schlossberg abgefeuerte Kanonenkugel der Braten entführt worden sei …
5: Strandflair an der grünen Mur: Citybeach Graz
6: Überragt vom Uhrturm: der Hauptplatz mit dem Erzherzog-Johann-Brunnen

1: The "Styrian Panther": The provincial coat of arms shines forth on the gate of the Landhaushof.
2:The botanical garden in Graz: Founded in the 19th century, the complex is situated in the middle of a villa quarter not far from Karl-Franzens University. The new greenhouses were opened in 1995.
3: Stadthalle Graz, opened in 2002. Over 6,500m^2 it stages events for up to 11,000 participants.
4: The fabled figure of the "Turk" on the Palais Saurau in Sporgasse, Graz. Legend has it that a Turkish commander was eating a meal here when a canon ball fired from the Schlossberg suddenly carried away his roast …
5: Beach flair in the green Mur: Citybeach Graz
6: Dominated by the clock tower: the main square with the Archduke Johann fountain

2

3

4

5

6

1

2

1: Turm der Grazer Franziskanerkirche; im Vordergrund das futuristisch anmutende Dach des Kunsthauses **2:** Grazer Schloßberg: Der Uhrturm, ursprünglich ein Wehrbau des 13. Jahrhunderts, erhielt seine heutige Gestalt erst im 16. Jahrhundert; das Uhrwerk aus dem Jahre 1712 bekam im 20. Jahrhundert einen elektrischen Antrieb. **3:** Eisernes Tor mit Blick zur Herrengasse (Graz): Der Platz entstand im 19. Jahrhundert nach Abbruch der Befestigungsanlagen und eben des „Eisernen Tores".

1: The Graz Franciscan church tower; in the foreground the futuristic looking roof of the Kunsthaus **2:** Graz Schlossberg: The clock tower originally a citadel of the 13th century, didn't receive the form it has today until the 16th century. The clockwork from the year 1712 became electronically driven in the 20th century. **3:** Iron gate with a view of Herrengasse (Graz): The square was created in the 19th century after the abandonment of the fortification complexes and also the "iron gate".

3

Steirische Badewelten: Aqualux-Therme Fohnsdorf **(1)**, Panoramabad Gröbming **(2)**, Therme Loipersdorf **(3)**

Styrian world of swimming: Aqualux-Spa Fohnsdorf **(1)**, Panorama pool Gröbming **(2)**, Loipersdorf Spa **(3)**

1

2

3

1

1: Mariazell: Gläubige beim Verlassen der Kirche
2: Ausgelassene Stimmung beim Erntedankfest in Semriach
3: Spirituelle Steiermark: Fronleichnamsprozession
4: Buntes Treiben am Grazer Glockenspielplatz
5: Kulinarisches Vergnügen am Grazer Schloßberg
6: Nachtschwärmer am Mehlplatz in Graz
7: Adventmarkt: Weihnachtliche Stimmung in Waisenegg

1: Mariazell: leaving the church after service
2: Relaxed atmosphere at the harvest festival in Semriach
3: Spiritual Styria: Corpus Christi procession
4: Colourful flair on Glockenspielplatz in Graz
5: Enjoying a short break on the Schlossberg in Graz
6: Night owls on Mehlplatz in Graz
7: Advent market: Christmas atmosphere in Waisenegg

2

3

4

5

6

7

1

2

3

4

1: Waghalsige Manöver bei der Airpower-Flugshow in Zeltweg **2:** Paragleiter in steirischen Lüften **3:** Schivergnügen auf der Planai in Schladming **4:** Kajaksport auf der Mur **5:** Golfanlage in Loipersdorf **6:** Erholung am Packer Stausee

1: Daring manoeuvre near the Airpower airshow in Zeltweg **2:** Paragliders in Styrian skies **3:** Skiing fun on the Planai in Schladming **4:** Kayaking on the Mur **5:** Golf course in Loipersdorf **6:** Relaxing on Packer lake

5

6

3

4

1: Bahnfahren wie in alter Zeit: Eisenbahn-Nostalgiker kommen mit dem „Stainzer Flascherlzug" auf ihre Kosten.
2: Am Speikwanderweg
3: Auf dem Murradweg bei Mureck
4: Rund um den Grünen See
5: Wanderparadies Steiermark: Zügig unterwegs zu den schönsten Plätzen
6: Wilde Wasser Untertal

1: A train ride from earlier times: railway nostalgics fulfil their desires on the Stainz "Flascherlzug" [bottle train]
2: On the lavender hiking path
3: On the Mur bike path near Mureck
4: Around the Grüner See lake
5: Styrian hiking paradise: fast paced to the most beautiful places
6: Wild waters Untertal

1

2

5

6

1–5: Die Steiermark: ein Land zum Wohlfühlen, auch für Tiere

1–5: Styria: A feel-good place, also for animals

2

3

1

4

5

1

2

3

1: Kürbisfeld bei Halbenrain
2: Kürbiskernöl: Schwarzes (oder auch grünes) Gold der Steiermark
3: Fleißige Kürbisputzer in Untergreith bei Gleinstätten
4: Der Kürbis fühlt sich in der Steiermark besonders wohl. Mit zahlreichen Kürbisgerichten bietet die heimische Küche kulinarischen Hochgenuss.

4

1: Pumpkin field near Halbenrain
2: Pumpkinseed oil: black (or also green) gold from Styria
3: Diligent pumpkin cleaners in Untergreith near Gleinstätten
4: The pumpkin feels particularly good in Styria. The regional cuisine offers culinary treats with numerous pumpkin dishes.

1-4: Weinland Steiermark: Gleich acht steirische Weinstraßen sorgen dafür, dass die Bedürfnisse der Weinliebhaber zu deren voller Zufriedenheit gestillt werden.

1-4: Styrian wine country: No fewer than eight Styrian wine routes make sure that the needs of wine lovers are taken care of to full satisfaction.

1

2

3

4

1-2: Über 25 km erstreckt sich die „Apfelstraße" durch die schöne Oststeiermark.
3: Frühlingserwachen bei Kitzeck
4: Blütenpracht an der Schilcherweinstraße

1-2: Covering over 25km is the apple route through beautiful eastern Styria.
3: Spring awakening near Kitzeck
4: Blossoming magnificence on the Schilcher wine route

2

3

1

4

5

1

1: Fruchtbare Steiermark: wogendes Getreide bei Pöllau
2: Eine Landschaft der Ruhe und des Friedens: Naturpark Grebenzen
3: Charmantes Liliengewächs: die Schachbrettblume
4: Begleiten den Wanderer am Wegrand: weiße Narzissen

1: Fertile Styria: undulating wheat near Pöllau
2: A peaceful, quiet landscape: Grebenzen nature park
3: Charming lilies: the checkered lily
4: Accompanying the hiker along the path: white daffodils

2

3

4

1

2

1: Bauernland Steiermark: Strohballen auf einem Feld bei Piber 2: Erlebnis Oststeiermark: in der wunderbaren Welt des Obstbaus
3: Die Weinbauregion Hochgrail im strahlenden Frühlingssonnenschein 4: Löwenzahn, so weit das Auge reicht: blühende Wiesen bei Krakauebene
5: Apfelbaum beim „Apfeldorf" Puch an der Steirischen Apfelstraße

4

3

1: Styrian farming land: bales of hay on a field near Piber **2:** Experience eastern Styria: the wonderful world of arboriculture
3: The wine region in Hochgrail in bright spring sunlight **4:** Dandelions as far as the eye can see: meadow in bloom near Krakauebene
5: Apple tree near "apple village" Puch on the Styrian apple route

5

1

1: Letzte Sonnenstrahlen an der Südsteirischen Weinstraße
2: Kraftvolle Harmonie von Ort und Land: St. Stefan ob Stainz
3: Der Sonne entgegen: Sonnenblumen bei Sernau/Gamlitz
4–6: Stift Admont und die vielen Farben des Mohns

1: Last sun rays on the south Styrian wine route
2: Powerful harmony of place and country: St. Stefan ob Stainz district
3: Against the sun: sunflowers near Sernau/Gamlitz
4-6: Admont Abbey and the many colours of poppy

2

3

4

5

6

2

3

1

1-5: Die Südsteirische Weinstraße: Weingarten an Weingarten fügt sich harmonisch in die traumhaft schöne Landschaft.

1-5: The south Styrian wine route: vineyard alongside vineyard, harmonious in the beautiful landscape.

4

5

1

2

3

4

1: In der Weinbauregion Südsteiermark: Klapotetz am Schtererkogl
2: Rebenland Leutschach: Kapelle in Sernau bei Gamlitzberg aus der Vogelperspektive
3-4: Das österreichische Weinparadies schlechthin: sanftes Hügelland Südsteiermark
5: Ein Ort der Kraft inmitten der Weingärten: die Kapelle in Sernau

5

1: In the wine-growing region of southern Styria: Klapotetz on the Schererkogl mountain
2: Vineyard Leutschach: chapel in Sernau near Gamlitzberg, a bird's eye view
3-4: The Austrian wine paradise: the rolling hill country of southern Styria
5: A place of strength in the middle of a vineyard: the chapel in Sernau

1: Glanz an der Weinstraße: Der Klapotetz; eigentlich eine Art Vogelscheuche, hat sich zu einem Wahrzeichen des Weinlandes entwickelt.
2: Klapotetz in den Rieden der Rebenland-Gemeinde Schloßberg
3: Im Rebenland Leutschach: herrlicher Ausblick in Richtung Süden

1: Glamour on the wine route: The Klapotetz, actually a kind of scarecrow, has become a landmark of the wine country.
2-3: Rebenland Leutschach: magnificent view to the south

1

2

3

1

1: Herbstlich: Morgennebel bei Bad Mitterndorf
2–4: Steirische Winter-Impressionen
5: Ganz in Weiß: Raureif bei Semriach

1: Autumnal: morning fog near Bad Mitterndorf
2-4: Styrian winter impressions
5: Covered in white: Raureif near Semriach

2

3

4

STYRIA
BUCHVERLAGE

Wien – Graz – Klagenfurt

ISBN 978-3-7012-0112-9

Bücher aus der Verlagsgruppe Styria
gibt es in jeder Buchhandlung und im Online-Shop
www.styriabooks.at

Bildtexte: Dr. Ted Konakowitsch, Graz
Übersetzung: Mý Huê McGowran
Umschlagidee: Alexander Kada
Buchgestaltung: Buchproduktion.Toscani.at
Reproduktion: pixelstorm, Wien
Fotos: © Harry Schiffer

Druck und Bindung: Finidr
Printed in the EU
7 6 5 4 3